対訳でたのしむ

弱法師《よろぼし》

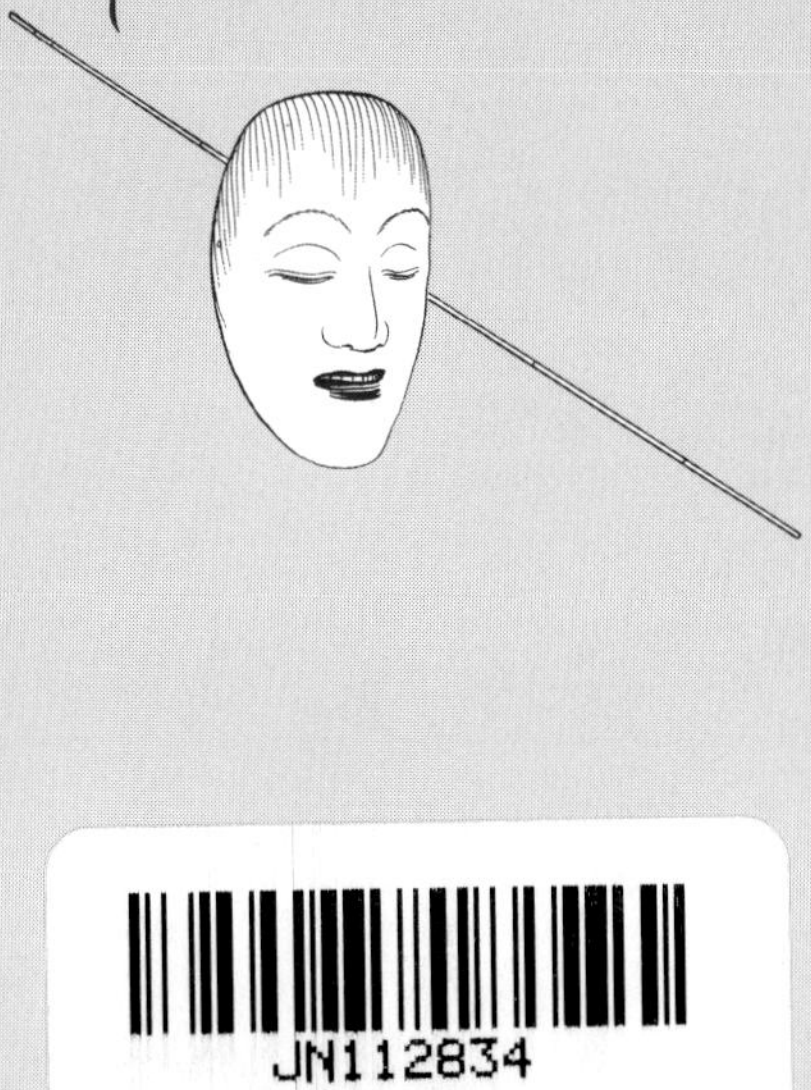

檜書店

目次

凡例

一、下段の謡本文及び舞台図（松野奏風筆）は観世流大成版によった。
一、下段の大成版本文は、横道萬里雄氏の小段理論に従って、段・小段・節・句に分けた。それらはほぼ上段の対訳部分と対応するように配置した。
一、下段の謡本文の句読点は、大成版の句点を用いず、また小段内の節の切れ目で改行した。
一、小段名は舞事などを含む囃子事は［　］で、謡事は〔　〕で括り示した。
一、対訳本文の段は算用数字の通し番号で示して改行し、はじめにその段全体の要約と舞台展開、観世流とその他の流派との主な本文異同を中心に説明を付した。

弱法師（よろぼし）

三宅晶子

〈弱法師〉（よろぼし）

二月十五日、摂津《せっつ》の国天王寺《てんのうじ》（大阪市天王寺区四天王寺）では彼岸の施行《せぎょう》（施し）を受けるために、大勢の人が参詣している。河内国高安の里の住人、左衛門尉《さえもんのじょう》通俊《みちとし》（ワキ）は、人の讒言《ざんげん》を信じて追放してしまった息子のために、七日間の施行を行っていた。そこへ弱法師と呼ばれる盲目の乞食《こつじき》（シテ）がやって来る。散りかかった梅花を「難波津に咲くやこの花」に見立てて施行の一つとして袖に受け、天王寺縁起の曲舞《くせまい》を謡う。通俊は弱法師が我が子俊徳丸《しゅんとくまる》であると気づくが、人目を気にしてすぐには名乗れない。やがて西の海に沈む夕陽を見ながら、西方極楽浄土を思い浮かべる日想観《じっそうかん》の時刻となる。今日は彼岸の中日、太陽は真西に沈んでいく。弱法師は天王寺の西門、石の鳥居から、難波の海の西の彼方にあると信じられていた極楽浄土の東門に見えない目を向けて、入り日を拝むのだった。そして高揚する心のままに、記憶に残っている難波の美しい景色を数え上げていく。しかし足元がおぼつかなく、転んでしまい、そのように舞い狂う我が身を恥じる。夜になり人出が絶えると、通俊は自分が父であると名乗り、我が子を高安へ連れて帰る。

世阿弥自筆本転写本（宝山寺蔵。以後世阿弥本と略称）が現存し、個性的な世阿弥時代の能のあり方を具体的に示していて興味深い。現行諸流にまで共通してみられる改訂の方向は、登場人物や筋書きの類型化である。相違部分について原則的には韻文部分は校異を示し、散文部分は要約して示した。

なお世阿弥本と現行諸流本系統の形との中間形態を示す唯一の例外として、室町末期筆無章句本《むしょうくほん》（鴻山文庫蔵、以下「無章句本」と略称）が現存する。

《この能の魅力》

物狂能《ものぐるいのう》の形式を借りて作られている。親子の出会いの物語であり、シテは天王寺関係の芸能者として、秀句《しゅうく》、天王寺縁起の曲舞《くせまい》、盲目の身で見る難波の致景など、「弱法師」と呼ばれることを利用して、様々な芸を見せる芸能者である。

現行諸流ではまずワキが名乗って、追放してしまった我が子を探している事情を説明する。物語の枠組みが明らかにされた上で、芸能者であるシテが登場し、芸を見せている弱法師を見て、ワキは我が子だと気づく。観客は二人がもうすでに出逢っていることを承知の上で、弱法師の芸を堪能する。

ところが元雅《もとまさ》の原作では、最後まで弱法師の正体がわからない。父親が天王寺境内に居たことも最後まで知らされない。しかも弱法師は夫婦で登場するのである。妻は弱法師に寄り添い補助をする。弱法師は一人では何もできない悲惨な状態なのだろう。数々の芸を見せた後、急に自分の惨めな状態に気づき、もうこれからは狂わない、つまり芸をしないと決意する。しかしそれは生活の方便を失うということであり、ではこれからどうするのだろうと、見ている側は不安になる。そこに現れるのが父親で、有無を言わさず、弱法師を故郷に連れ帰る。まさに急転直下の解決である。

現行の〈弱法師〉は最小限の改訂で類型化を成し遂げている。原作よりも少年の面影が強調されている。父がなかなか気付かず、気付いても人目を気にして夜まで名乗らないなど、すこし無理もあるのだが、あまりにも変わってしまった我が子ですぐには気づけない、恥ずかしくて名乗れないなど、父親の事情を慮ることは可能である。苦労を重ねたであろう少年の、心の内をじっくり表現できる形式が整えられている。

原作と改作、比較しつつそれぞれの特色を楽しみたい能である。

【作者】観世元雅《もとまさ》（『五音上』哀傷）。世阿弥作の曲舞《くせまい》「クリ・サシ・クセ」（『五音下《ごおんげ》』）を利用して、元雅が書き下ろしたものと考えられる。

【題材】「弱法師」の名の由来は『太平記』巻五に田楽の芸能で「天王寺のやうれぼし（弱法師の訛）をみばや」と囃す場面が収められていることと関連が考えられる。説経浄瑠璃「しんとく丸」という類話の流れもあるが、直接の題材は不明。

【場面】摂津国天王寺（大阪市天王寺区）の境内。麗《うら》らかに晴れた二月の彼岸中日。日中から、日没の日想観の時を経て、夜更けまで。

【登場人物】

シテ　弱法師・俊徳丸（面、弱法師）

ワキ　高安通俊《たかやすのみちとし》

アイ　通俊の下人

1

通俊の登場　河内の国高安（大阪府八尾市）の左衛門尉通俊（ワキ）が従者（アイ）を伴って登場し、名乗る。人の讒言を信じて我が子を追放してしまったことを後悔していること、我が子の現世・後世の無事を祈って、天王寺で彼岸の七日間、施しを行うことを告げ、従者にそのことを触れさせる。

〔名ノリ笛〕が演奏される中をワキとアイが登場し、ワキは常座に立って名乗る。次いで後ろで控えるアイを呼んで触レを命じ、脇座《わきざ》に着座。替わってアイが常座に出て触レを言う。

世阿弥本では、〔次第〕の登場楽が演奏される中を、天王寺の住職（ワキ）が、二三人の従僧（ワキツレ）を伴って登場（「法師ヲトコ二三人イツヘシ」と注記されている）し、〔次第・名ノリ・問答〕を謡う。現行諸流にはない〔次第〕は「難波の海も彼の岸に、〱、至るやみ法《のり》なるらん（ここ難波の海も極楽浄土に繋がるのだが、そこに導いてくれるのは仏法であろう）」である。続いてある人の依頼で彼岸七日間の大施行を行うこと、今日はその中日なので日想観を拝む人々がたむろしていると言い（[名ノリ]）、従僧たちに施行を行うよう促す（[問答]）。その後「ヲカシ　シカ〱」とあるので、天王寺の者（アイ）による触レがあるらしい。施主である高安通俊（ツレ）も共に登場するのであろう。世阿弥本では彼岸の中日、すなわち春分の日であることを明言し、だから日想観を拝むのだと語るが、現行諸流ではそのことに触れていない。なお下掛り三流では「今日満参《まんさん》（満願）にて候」というので最終日の設定である。ワキの下掛り宝生流やアイの大蔵流も同様である（上掛り、ワキ方福《ふく》王《おう》流は満参とは言わない）。3段冒頭に「如月《きさらぎ》時《じ》正《しょう》の日（彼岸中日）」とあるということは日想観を行う彼岸の中日を施行の最終日としているということなのだろう。江戸期にはすでに二通りの詞章が存在する。また世阿弥本では天王寺の住職が施行を命じるだけで、誰が施主かなど詳しい事情は語られない。

無章句本では世阿弥本同様の[次第]・通俊の名ノリ・天王寺までの道行きがあって、その後天王寺の住職が施行を行うと告げる形を取っている。

〔名ノリ笛〕　笛のみで演奏される登場楽が静かに演奏される中を、通俊と従者が登場する。

通俊（世阿弥本では住職の台詞がある）　私は、河内《かわち》の国高《たか》安《やす》の里に住む、左衛門の尉通俊と申す者でございます。はてさて私には子どもが一人居たのですが、ある人の告げ口を真に受けて、去年の暮れに追い出してしまいました。（今となっては）あまりに不憫に思われ、生きているのなら安らかに、また死んで極楽往生を遂げられるようにと、天王寺で七日間の施しを行っております。今日も施行をしようと存じます。

（通俊〔ワキ、世阿弥本では住職〕は従者〔アイ、世阿弥本では天王寺の者〕を呼び出し、施行を行うよう命じる。従者は常座に立ち、施行を受けるよう触れる）

〔名ノリ笛〕

〔名ノリ〕

ワキ＼かや《ヨ》う《オ》に候《ソオロオ》者は、河内《カワチ》の国高安《クニタカヤス》の里《サト》に、左衛門《サエモン》の尉《ジョオ》通俊《ミチトシ》と申す者にて候、さても某《ソレガシ》子を一人《イチニン》持ちて候を、さる人の讒言《ザンゲン》により暮《クレ》に追《オ》ひ《イ》失《ウシナ》ひ《イ》て候、余《アマ》りに不便《フビン》に候程に、二世安楽《ニセアンラク》のため天王寺《テンノオジ》にて一七日《イッシチニチ》施行《セギョオ》を引き候、今日《コンニチ》も施行を引かせばやと存じ候

〔問答・触レ〕

（狂言セリフアリ）

2

弱法師の登場　杖をついて盲目の弱法師（シテ）が登場する。人の讒言《ざんげん》によって父に追放され、苦労の末に盲目となった経緯を述べる。救いを求めて日本最初の仏教寺院である天王寺の石の鳥居に到着する。

〔一声〕の囃子が演奏される中、シテが静かに登場し、三ノ松で〔一セイ・サシ・下ゲ歌〕を謡う。〔上ゲ歌〕を謡いながら舞台に入り、常座で石の鳥居に見立てたシテ柱を杖で探り当て、正面を向く。

世阿弥本では、「女二人出ヘシ」と記されており、シテと共に弱法師の妻（ツレ）が登場する。〔サシ〕が「鴛鴦《えんのう》の衾《ふすま》」「比目《ひぼく》の枕」「妹背《いもせ》の山」など夫婦の中を表す言葉が多用されているのは、本来夫婦で登場する形であったことを示している。ツレが担当するべき〔一セイ〕二ノ句「難波の海の……」が現行の謡本に存在するのもそのためであろう。宝生ではその二ノ句を省略している。

〔一セイ〕「底ひなく、深き思ひ」は世阿弥本「ソコヒナキ。心ノホト」。［サシ］「よしや世と」は世阿弥本「ヨシヤヨトモ」（金春・金剛も同様）。宝生は「よしやよしとも」。「思ひも果てぬ」は世阿弥本「ヲモイモステヌ」。金春は「思ひ果てぬ」。「浅ましや」は世阿弥本「ウラメシヤ」。「前世に」は宝生・金剛「前《さき》の世に」。「中有の道に」は世阿弥本「チウヽノヤミニ」（観世以外同様）。［下ゲ歌］「もとよりも」は世阿弥本「モトヨリノ」。［上ゲ歌］「行末」は金春・金剛「行く月」。「拝まん」は世阿弥本「マイラン」（観世以外同様）。

〔一声〕　リズムに乗った登場楽が静かに演奏される中を、弱法師が登場する。

弱法師　（世阿弥本では夫婦）出ては入る月を見ることがない盲目の身なので、いつ夜が明け日が暮れるのか、夜と昼の境目を、私は知ることが出来ない。（世阿弥本では妻）難波の海のように底の知れない、私の深い嘆きを、誰も知ることはできまい。

弱法師　そもそも仲睦《なかむつ》まじい鴛鴦《おしどり》の番《つが》いは、共寝してい

〔一声〕

［一セイ］
シテ〽出入《イデイリ》の、月を見ざれば明《アケ》
暮《クレ》の、夜《ヨル》の境《サカイ》をえぞ知《シ》らぬ。
難波《ナニワ》の海《ウミ》の底ひ《ソコイ》なく、深《フカ》き
思ひ《イ》を人や知る。

［サシ］
シテ〽それ鴛鴦《エンノオ》の衾《フスマ》の下《シタ》には、

ても別れの淋しさを思って悲しみ、雌雄揃わないと進めない比目《ひぼく》の魚（鮃《ひらめ》の類）は、枕を並べている時でさえ、波に隔てられることを心配する。（鳥や魚でさえそうなのだから）ましていかにも心あり顔の人間として、どのような因縁なのか生まれてきてしまい、辛い年月を過ごしてきた。

流れては妹背の山の中に落つる吉野の川のよしや世［の中］（『古今和歌集』）

（妹山と背山の間を流れる吉野川のように、夫婦の仲を隔てるのが世の中というものだ）

と古歌に詠まれてはいるが、世の中とはそんなものだと割り切ってしまうことなどできそうにない。

さらに酷いことだが、生まれる前の世界でいったい誰に辛く当たったのだろうか。最近、私のことを悪く告げ口する人がいて、その讒言によって親不孝の罪を犯してしまい、しかも辛い思いのあまり流す涙で目を悪くし、盲目になってしまったのだ。まだ死んでもいないのに、この世に居ながら死後に漂う中有の闇（死んで次の生を受けるまでの間）に迷っているような有様だ。

立《タ》ち去《サ》る思ひ《イ》を悲しみ、比《ヒ》目《ボク》の枕《マクラ》の上《ウエ》には、波《ナミ》を隔《ヘダ》つる愁《ウレ》ひ《イ》あり、況《イワ》んや心あり顔《ガオ》なる、人間有為《ウイ》の身《ミ》となりて、憂《ウ》き年月《トシツキ》の流《ナガ》れては、妹背《イモセ》の山《ヤマ》の中《ナカ》に落《オ》つる、吉野《ヨシノ》の川《カワ》のよしや世《ヨ》と、思ひ《イ》も果《ハ》てぬ心かな、浅《アサ》ましや前世《ゼンゼ》に誰《タレ》をか厭《イト》ひ《イ》けん、今《イマ》また人の讒言《ザンゲン》により、不孝《フコオ》の罪《ツミ》に沈《シヅ》む故《ユヱ》、思ひ《イ》の涙《ナンダ》かき曇《クモ》り、盲目《モオモク》とさへ《エ》なり果《ハ》てて、生《ショオ》をもかへ《エ》ぬこの世より、中有《チウウ》の道《ミチ》に、迷《マヨオ》ふなり。

弱法師（世阿弥本では夫婦　宝生は地謡）人間はもともと、心の中に闇を抱えているのだろう。

弱法師（世阿弥本では夫婦　宝生は地謡）伝承によると、あの一行阿闍梨《あじゃり》の果羅への旅、讒言のために玄宗皇帝によって果羅へ流された旅では、重罪人の通る七日七夜日月の光を見ない暗闇の道を通っていったのだが、その時九曜曼荼羅《くようまんだら》に描かれたそのままに、仏達が慈悲の光を放って、阿闍梨の辿る道を煌々《こうこう》と照らしてくださったということだ。

今は末世とはいうものの、さすがに名高いこの寺、日本で仏教を広めるために最初に建てられた天王寺の、石の鳥居とはここであろうか。さあ立ち寄って詣でよう。

3

通俊と弱法師の会話　春の彼岸中日、施行を行っている通俊（ワキ）が、弱法師（シテ）を見つけ声をかけ、それをきっかけにやりとりが続く。弱

［下ゲ歌］

シテ〽もとよりも、心の闇《ヤミ》はありぬべし

［上ゲ歌］

シテ〽伝《ツタエ》へ聞く、かの一行《イチギョオ》の果《クワ》羅《ラ》の旅《タビ》、かの一行の果羅の旅、闇穴道《アンケツドオ》の巷《チマタ》にも、九曜《クヨオ》の曼荼羅《マンダラ》の光明《クヲオミョオ》、赫奕《カクヤク》として行末《ユクスヱ》を、照《テ》らし給《タマイ》ひけるとかや。

今も末世《マッセ》と云《イイ》ひながら、さすが名《ナ》に負《オオ》ふこの寺《テラ》の、仏《ブッ》法最初《ポオサイショ》の天王寺《テンノオジ》の、石《イシ》の鳥《トリ》居《ヰ》此処《ココ》なれや、立ち寄《ヨ》りて拝《ヲガ》まん、いざ立ち寄りて拝まん。

法師の名の由来に始まり、折から散りかかる梅の花を難波の梅に掛けて「木《こ》の花」と呼んだり、「二《じ》月《げつ》の雪」に見立てて袖に受けてこれも施行だと言うなど、弱法師の生業である話芸の一端が垣間見える部分である。

世阿弥本ではワキは天王寺の住職。

シテは常座、ワキは脇座で立ったまま進行するが、会話の内容に応じた所作や、花の香に気づく様子などの動きが見られる。

［掛ケ合・問答］は現行諸流で小異はあるが大意に相違はない。ただし「法界無辺の」の「無辺」は世阿弥本「ムエン」で、金春・喜多も「無縁」（仏と縁が無い）としている。意味的にはこちらが適当である。［上ゲ歌］「梅衣の」が宝生のみ「梅の花の」。「のどけさは」が世阿弥本のみ「ノトケサモ」。

通俊（世阿弥本では住職） 今日は二月の彼岸中日、実に時節も良く、長閑《のどか》な日となったので、多くの人が貴賤の別なく集まっている。その場で施行をして人々に勧めているのだ。

［掛ケ合］

ワキ〽頃《コロ》は如月《キサラギ》時正《ジショオ》の日《ヒ》、実《マコト》に
時《トキ》も長閑《ノドカ》なる、日を得《エ》て普《アマネ》
き貴賤《キセン》の場《ニワ》に、施行《セギョオ》をなし
て勧《スス》めけり

弱法師（世阿弥本では夫婦）　なんともありがたい仏の恵みだ。果てしなく拡がる全世界の衆生を救おうというご慈悲にすがろうと、続々と人々が集まってくる。

通俊（世阿弥本では住職）　あっ、ここにやって来た乞食は、きっと噂に聞く弱法師だな。

弱法師　また私にあだ名を付けて、皆が弱法師と仰っているぞ。たしかに私は盲目で、足がよろよろしている身でありながら、よろめいて歩くので弱法師とお名付けになるのはもっともなことです。

通俊（世阿弥本では住職）　おやちょっと言っただけの言葉でさえ、風情があるように聞こえるなあ。さあさあ施しを受けてください。

弱法師　おお、ありがたいことでございます。あ、花の香りがします。きっと「この花」が散り始めたのですね。

シテ〽げにありがたき御利益《オンリヤク》、法界無辺《ホオカイムヘン》の御慈悲《オンジヒ》ぞと、踵《クビス》を接《ツ》いで群集《クンジュ》する

［問答］

ワキ〽や、これに出《イ》でたる乞丐《コツガイ》人《ニン》は《ナ》、いかさま例《レイ》の弱法師《ヨロボシ》よな

シテ〽また我等《ワレラ》に名をつけて、皆《ミナ》弱法師《ヨロボシ》と仰《オオ》せあるぞや、げにもこの身は盲目《モオモク》の、足《アシ》弱車《ヨワグルマ》の片輪《カタワ》ながら、よろめき歩《アリ》けば弱法師と、名づけ給ふ《オ》は理《コトワリ》なり

ワキ〽げに言《イ》ひ《イ》捨《ス》つる言《コト》の葉《ハ》までも、心ありげに聞《キコ》ゆるぞや、まづまづ施行《セギョオ》を受《ウ》け給へ《エ》

シテ〽あらありがたや候、や、花の香《カ》の聞《キコ》え候、いかさまこの花散《チ》り方《ガタ》になり候な

通俊（世阿弥本では住職）ああここの垣根の梅の花が、弱法師の袖に散り掛かっているよ。

弱法師 情けないなあ、他ならぬ難波津の春なのだから、ただ「木の花」とだけおっしゃるべきなのに。（世阿弥本では夫婦）古歌「難波津に咲くやこの花冬ごもり今は春べと咲くやこの花（『古今和歌集』仮名序）」にある「今は春べ」もちょうど半ばですよ。古詩「梅花を折って頭に挿せば、二月の雪衣に落つ（『和漢朗詠集』橘在列）」のように、梅花を折って頭に挿さなくても、二月に降る雪さながらの花びらは、衣に散りかかる。ああなんて良い花の匂いなのだろう。

通俊（世阿弥本では住職）確かに「この花」を袖に受ければ、花もそれだけで施しとなるのだな。

弱法師 その通りです。「草木国土《そうもくこくど》悉皆《しっかい》成仏《じょうぶつ》（草も木もあらゆる物すべてが成仏できる）」という御仏のありがたいお言葉も施行といえるのだから

ワキ〽おう《オ》これなる籬《マガキ》の梅《ンメ》の花が、弱法師が袖《ソデ》に散《チ》りかかるぞとよ

シテ〽うたてやな難波津《ナニワヅ》の春《ハル》ならば、ただ木《コ》の花とこそ仰《オオ》せあるべきに、今は春《ハル》べも半《ナカ》ばぞかし、梅花《バイクワ》を《ヲ》折って頭《コオベ》に挿《サ》しはさまざれども、二月《ジゲツ》の雪《ユキ》は衣《コロモ》に落《オ》つ、あら面白《オモシロ》の花の匂《ニオイ》ひやな。

［掛ケ合］

ワキ〽げにこの花を袖に受くれば、花もさながら施行《セギョオ》ぞとよ、

シテ〽なかなかの事草木国土《ソオモクコクド》、悉皆《シッカイ》御法《ミノリ》も施行《セギョオ》なれば、

通俊（世阿弥本では住職） 皆成仏できるという大慈悲に

弱法師 洩れるまいと思って施行の列に連なり、

通俊（世阿弥本では住職） 手を合わせ

弱法師 袖を広げて

地 花までも施行として受け留める、様々に受ける施行に色を添えるように、梅の良い匂いが衣に降りかかってくる。ああ難波の春なのだと感じる。「津の国のなにはのことか法ならぬ遊び戯れまでとこそ聞け（『後拾遺和歌集』遊女宮木）」と詠われたように、「なにはのこと（どんなこと）」でも仏法に外れることはなく、遊び戯れ舞い謡うことを生業とする私のような者でも、衆生を救済するというご誓願の網に漏れることはないにちがいない。難波の海のような仏の御心はなんと頼もしいことだろう。法華経で仏の教えに遭いがたい喩えとされる大海に漂う盲亀《もうき》のような、盲目の私どもにまで、

ワキ〽皆成仏《ジョオブツ》の大慈悲《ダイジヒ》に

シテ〽洩《モ》れじと施行に連《ツラ》なりて、

ワキ〽手《テ》を合《ア》は《ワ》せ

シテ〽袖《ソデ》を広《ヒロ》げて

［上ゲ歌］

地 〽花をさへ《エ》、受《ウ》くる施行《セギョオ》の色々に、受くる施行の色々に、匂ひ《イ》来《キ》にけり梅衣《ンメゴロモ》の、春なれや、難波《ナニワ》の事《コト》か法《ノリ》ならぬ、遊《アソ》び戯《タワム》れ舞《マ》ひ《イ》謡《ウト》ふ《オ》、誓《チカ》ひ《イ》の網《アミ》には洩《モ》るまじき、難波の海《ウミ》ぞ頼《タノ》もしき。げにや盲亀《モオキ》の我等《ワレラ》まで、見る心地《ココチ》する梅《ンメ》が枝《エ》の、花の春ののどけさは、難波の法《ノリ》にもよも洩《モ》れじ、難波の法にもよも洩れじ。

見える心地がする、花を付けた梅が枝。花盛りの春ののどけさは、難波（天王寺）の仏のお恵みだろう、私も御仏の力によって救っていただけるに違いない。

4

弱法師による天王寺縁起の物語　弱法師（シテ）は、中央に出て着座し、天王寺縁起の物語をする。この部分は世阿弥作の独立した謡い物を利用している。施行の返礼の意味を持つ、弱法師の芸能の披露の場面である。３段最後の部分で「遊び戯れ舞ひ謡ふ」と言っていたこととも呼応する。

一同着座のままだが、［クセ］後半でシテは立ち上がり、所々に表意の動きをした後、常座で後ろを向いて立つ。

［クリ］「遙かに」は世阿弥本「マダハルカ」（観世以外も同様）。［サシ］「然るに」は世阿弥本「シカレハ」。「延ばへまし」は世阿弥本「ノバメマシ」（宝生・金春・金剛も同様）。「ここによって」は観世以外「これによって」。「新め」は世阿弥本「アラ

タメ」（金春も同様）、宝生・金剛・喜多は「改め」。「教へ」は世阿弥本「ヲシエテ」。「世となして」は宝生「世となりて」。「普く」は世阿弥本「アマネキ」。「恵み」は下掛り「み法」。「然れば」は世阿弥本「スナワチ」（下掛りも同様）、宝生「其後」。「クセ」「救世」は世阿弥本「クセ」（観世以外も同様）。「前生」は世阿弥本「ゾンジャウ」。「思禅師」は世阿弥本「シゼン」。「故なり」は世阿弥本「ユエ」（観世以外も同様）。「出離」は世阿弥本「シュッケ」、金春・喜多「出家」。「日域」は世阿弥本「ジチイキ」（宝生・金剛・喜多も同様）。「然るに」は世阿弥本「シカレハ」（金剛も同様）。「金宝」は金剛「金塔」。「閻浮」は世阿弥本「エンブン」。「水上清き」は世阿弥本「ミナカミキヨシ」。「無熱」は世阿弥本「ムレッノ」。「響き来て」は金春「響きて」。「普き」は金春「普く」。「成仏」は世阿弥本「ジャウ」。

地

そもそも太陽にも比すべき釈迦如来は、夕日が西の空に沈むように西方の天竺でお亡くなりになり、この世を救うという弥勒菩薩の出現はまだ遥かに遠い未来のことで、末世の衆生を救う

［クリ］

地　〽それ仏日西天《ブツニチサイテン》の雲《クモ》に隠《カク》れ、慈尊《ジソン》の出世遥《シュッセハル》かに、三《サン》会《ネ》の暁《アカツキ》、未《イマ》だなり。

三度の法会をなさる時はまだ来ない。

弱法師　さて釈迦入滅から弥勒出現までの仏のいない中《ちゅう》間《げん》の時にあって、いったいどのようにして心を安らかに保てば良いのだろう。

地　そこで聖徳太子が、国の政《まつりごと》を一新し、万民を教え導いて、仏教が信仰される世の中とし、隅々までに仏の恵みが行きわたるようにお広めになった。

弱法師　そういうわけでこの寺を建立なさり

地　日本ではじめて僧や尼僧の制度を定め、四天王寺と名付けられた。

地　本堂のご本尊は、如意輪《にょいりん》の観音像で、救世《ぐせ》観音とも申し上げるとか。太子のご前生が、中国の慧思《えし》禅師でいらっしゃるから、それに呼応して世俗を離れた仏像の姿となって日本にお渡りになり、仏法最初のご本尊としてお姿を顕された。

［サシ］

シテ〽然《シカ》るにこの中間《チウゲン》に於《オ》いて、何《ナニ》と心を延《ノ》ばへ《エ》まし、

地〽ここによつて上宮太子《ジョオグウタイシ》、国家《コッカ》を新《アラタ》め万《バン》民《ミン》を《ノ》教《ヲシ》へ《エ》、仏《ブッ》法《ポオ》流《ル》布《フ》の世《ヨ》となして、普《アマネ》く恵《メグ》みを弘《ヒロ》め給ふ《オ》、

シテ〽然《シカ》れば当寺《トオジ》を御《ゴ》建立《コンリウ》あつて、

地〽始《ハジ》めて僧尼《ソオニ》の姿《スガタ》を現《アラワ》し、四天王寺《シテンノオジ》と名づけ給《タモ》ふ《オ》。

［クセ］

地〽金堂《コンドオ》の御《ゴ》本《ホ》尊《ゾン》は《ナ》、如意輪《ニョイリン》の仏像《ブツゾオ》、救世観音《グセクワンノン》とも申すとか、太子《タイシ》の御前生《ゴゼンジョオ》、震旦《シンダン》国《コク》の思禅師《シゼンジ》にて、渡《ワタ》らせ給ふ《オ》故《ユエ》なり、出離《シュツリ》の仏像《ブツゾオ》に応《オオ》じつつ、いま日域《ニチヰキ》に至《イタ》るま

そのご威光は、今日本の地においてもまことにあらたかで、末世の衆生を救うというご誓願は、本当のことだと信じることができる。ところでこの寺の建築資材のも、赤栴檀《しゃくせんだん》の霊木であり、宝塔の金の九輪まで最高級の閻浮檀金を使っているということだ。

弱法師

万代をすめる亀井の水はさは富の緒川の流れなるらん（『後拾遺和歌集』弁乳母）

（万代変わらず澄み渡っている亀井の水は、それならば富の緒川の流れ、つまり聖徳太子以来の伝統なのだろう）

と古歌に読まれた、永遠に澄んでいる境内の亀井の水までもが

地

その源をたどれば天竺にある清らかな無熱池《むねっち》につながる。久しき代々、その流れを受け継いで、五辱の汚れにまみれた人間を導き、極楽へと運ぶ救済の舟さえも、難波の湊に寄せるのである。その難波の寺（天王寺）の鐘の音が、他の浦々にまで響き渡り、仏の誓いが普く広まっていく。

で、仏法最初《ブッポオサイショ》の御本尊《ゴホゾン》と、現れ給ふ御威光《オオンニクヲオ》の、真《マコト》なるかなや、末世相応《マッセソオオオ》の御誓《オンチカ》ひ《イ》。然るに当寺《トオジ》の仏閣《ブッカク》の、御造《ミツク》りの品々《シナジナ》も、赤栴檀《シャクセンダン》の霊木《レイボク》にて、塔婆《トオバ》の金宝《キンポオ》に至るまで、閻浮檀金《エンブダゴン》なるとかや。

シテ〽万代《ヨロヅヨ》に、澄《ス》める亀井《カメキ》の水までも、

地

〽水上《ミナカミ》清き西天《サイテン》の、無熱池《ムネッチ》の、池水《チスヰ》を受け継《ツ》ぎて、流《ナガ》れ久《ヒサ》しき代々《ヨヨ》までも、五濁《ゴジョク》の人間を導《ノミチビ》きて、済度《サイド》の船《フネ》をも寄《ヨ》するなる、難波の寺の鐘《カネ》の声《コヱ》、異浦《コトウラ》々に響《ヒビ》き来《キ》て、普《アマネ》き誓《チカイ》ひ満潮《ミチジオ》の、おし

満潮を迎え夕日に輝く海山の有様さえも、皆成仏の姿を示している。

照《テ》る海山《ウミヤマ》も、皆成仏《ジョオブツ》の姿《スガタ》なり。

5

通俊と弱法師の会話と弱法師の日想観《じっそうかん》の様子

通俊（ワキ）は、弱法師が自分の追放した息子、俊徳丸であることに気づくが、人目を気にしてすぐには名乗れない。やがて日没の時刻が迫り、通俊が弱法師（シテ）に日想観を勧める。弱法師は天王寺の西の門である石の鳥居から、極楽の東門に向かって手を合わせ、日想観する。

シテは常座に立って、ワキと会話する。日想観のために少し真ん中に出て、西へ向いて膝まずき合掌する。

世阿弥本以外の現存諸本すべて、小異はあるが大意に差異はない。ただし［一セイ］「舞ふとかや」は喜多「まがふとか」。この後に宝生・金春・喜多は「イロエ」、金剛は「立廻リ」が入る。

世阿弥本では［□］が存在せず、通俊が我が子に気づいたことが説明されていない。替わりに「ヲカシイ、事アリ　シカ〱」という注記が入っている。天王寺の者（アイ）による、日想観の時刻を告げる触レがあるらしい。［掛ケ合］は通俊ではなく「女」（弱法師の妻）が相手をしており、「なうなう、日想観今なりとて皆人々の拝み候（原文カナ表記）」で始まる。その後の二人の会話は、ほぼ諸流と同じである。［一セイ］最後は「トカヤ・・・。ナリ・・・」となっており、前述のように観世以外はこの形に従っている。日想観の様子を演じる場面という位置づけなのであろう。観世では6段に「イロエ」が演じられる。

通俊（世阿弥本には無い）　あれっ、不思議だ。この者をよくよく見ますと、なんと私が追い出してしまった子ではないですか。悲しみの思いのあまり盲目になってしまっております。ああ可哀想に、なんてひどく衰弱してしまっているのでしょう。今は人目がありますから、夜に入ってから私だと名乗り、高安へ連れて帰ろうと思います。

通俊（世阿弥本では妻の台詞がある）　やあどうです。日想

［□］
ワキ〽あら不思議や、これなる者をよくよく見候へ《ソオラエ》ば、某《ソレガシ》が追《オ》ひ《イ》失《ウシナ》ひ《イ》し子にて候は如何《イカ》に、思ひ《イ》の余《アマ》りに盲目《モオモク》となりて候、あら不便《フビン》と衰《オトロ》へて候ものかな、人目《ヒトメ》もさすがに候へ《エ》ば、夜《ヨ》に入《イ》りて某《ソレガシ》と名のり、高安《タカヤス》へ連《ツ》れて帰《カエ》らばやと存じ候

［掛ケ合］
ワキ〽やあいかに日想観《ジッソオクワン》を《ノ》拝《ヲガ》

観を拝みなさい。

弱法師　そうそう日想観の時刻ですよね。目が見えないのであちらの方とばかり、あて推量の夕日に向かって、東門を拝んで南無阿弥陀仏…。

通俊（世阿弥本では妻）　なに東門とは間違いではないか。ここは西門の石の鳥居だよ。

弱法師　ああ愚かなことを。天王寺の西門を出て、極楽の東門に向かうのは間違いなのかな。

通俊（世阿弥本では妻）　なるほどそうだ。難波の寺の（世阿弥本では弱法師）西門を出るということは、石の鳥居……

弱法師（世阿弥本では妻）　極楽の最も尊い阿字門に入って……

通俊（世阿弥本では弱法師）　この世で最も尊い天王寺の阿字門を出るということ。

み候へ《エ》

シテ〽げにげに日想観《ジッソオクワン》の時節《ジセッ》なるべし、盲目《モオモク》なれば其方《ソナタ》とばかり、心あてなる日《ヒ》に向《ムカ》ひて、東門《トオモン》を《ノ》拝《ヲガ》み南無阿《ナムア》弥陀仏《ミダブ》

ワキ〽なに東門《トオモン》とは謂《イワ》はれなや、此処《ココ》は西門石《サイモンイシ》の鳥居《トリヰ》よ

シテ〽あら愚《オロ》かや天王寺《テンノオジ》の、西《サイ》門《モン》を《ノ》出《イ》でて極楽《ゴクラク》の、東門に向《ムコ》ふ《オ》は僻事《ヒガコト》か

ワキ〽げにげにさぞと難波《ナニワ》の寺の、西門を《ノ》出づる石の鳥居

シテ〽阿字門《アジモン》に入《イ》つて

ワキ〽阿字門《アジモン》を《ノ》出づる、

弱法師（世阿弥本では妻）　阿弥陀如来のお住まいも極楽浄土であり、

通俊（世阿弥本では弱法師）　その極楽の

弱法師（世阿弥本では弱法師と妻）　東門に向かって続く難波の西の海では、

地（世阿弥本では弱法師と妻）　今しも沈む夕陽の光が、きらきらと舞っているかのようだ。

シテ〽弥陀《ミダ》の御国《ミクニ》も

ワキ〽極楽《ゴクラク》の

〔一セイ〕

シテ〽東門に、向ふ《ムコオ》難波《ナニワ》の西《ニシ》の海《ウミ》、

地　〽入日《イリヒ》の影《カゲ》も、舞ふ《モオ》とかや。

6

弱法師の語り舞　日想観によって高揚した弱法師（シテ）は、目前の難波の風景を心に観じるままに舞い描くのだが、やがて自分が盲目で足元もおぼつかず、弱法師と嘲笑される身であることに思い至って、恥じ入る。

シテは右手に扇を持ち、左手で杖をついて、語り舞う。

〔イロエ〕では日想観による高揚感と、心眼で難波の致景を見ている様子が演じられる。〔ワカ〕では扇を広げて上《あ》ゲ扇《おうぎ》、左右《さゆう》など定型の動きがあり、〔中ノリ地・（ロンギ）〕では謡に合わせ、あたりを眺めたり指し示す、よろめき歩く、杖を落とし探りながら取るなど表意の動きをし、最後には中央でがっくりと座り込む。

世阿弥本は〔□〕冒頭部分に「あら面白やな　われ盲目の身にしあれば　この致景をば拝むまじきと　人はさこそは笑ふらめ　古人《こじん》の中にも眼《まなこ》癈《し》ひて　三明《さんみょう》六通《ろくつう》山《せん》河《が》大地《だいち》を　見たりし人もあるぞかし（原文カナ表記。面白いことだ　私は盲目だからこの景色を見られないと人はきっと笑うだろう。しかし古人の中にも目が見えず、不思議な通力を得て、山河大地を見た人も居るのだ）」とある。無章句本も同様の文句が入っている。その後はおおむね諸流と同様である。

〔ワカ〕「住吉の」世阿弥本は繰り返しがある。「松の隙」は世阿弥本「マツノコマ」、金春・金剛「松の木間《こま》」。「淡路」は世阿弥本「アワヂシ」。〔中ノリ地〕「月影の」は世阿弥本「月影」。「絵島《えじま》」は世阿弥本「エシマ」（観世以外も同様）。「満目《ばんぼく》」は世阿弥本「マンモク」（喜多も同様）。〔（ロンギ）〕「難波の浦」は下掛り「難波の海」。「夕波」は世阿弥本「夕月」。「歩《あり》く程に」は世阿弥本「アルクホトニ」。「真の」は世阿弥本「マコトニ」。「恥かしやな」は金春「恥かしや」。「狂ひ候はじ」は世阿弥本「クルイ候マシ」（宝生も同様）。「今よりは」は世阿弥本「イマヨリ」。

弱法師　ああ面白いことだ。私が盲目とならない前には、このあたりは弱法師がいつも見慣れていたところなので、何の疑いも無い。江月照松風吹、永夜清宵何所為（玄覚「証道歌」）（この証道歌を私に当てはめると）難波の海を月が照らし松風が吹き渡る。永い夜の中で、この清らかな春の宵のひと時ばかりは心も澄み渡り、何も雑念は起きない）

〔イロエ〕　難波の致景を心に観じるような様子で、杖をついて舞台を一巡し、正面で留める。

弱法師　住吉の松の隙より眺むれば

〔□〕
シテ＼あら面白や我盲目《ワレモオモク》となざりし前《サキ》は、弱法師《ヨロボシ》が常《ツネ》に見馴《ミナ》れし境界《キョオガイ》なれば、何《ナニ》疑《ウタガイ》ひも難波江《ナニワエ》に、江月《コオゲツ》照らし松風《ショオフウ》吹き、永夜《エイヤ》の清宵《セイショオ》何《ナン》のなす所ぞや。

〔イロエ〕

〔ワカ〕
シテ＼住吉《スミヨシ》の、松の隙《ヒマ》より眺《ナガ》む

（住吉の岸の松並木の間から眺めてみると）

地 月落ちかかる淡路島山（『無名抄』等、源頼政）（ちょうど月が淡路島の山陰に沈もうとしている）

弱法師 そう詠まれたのは、月影

地 眺められたのは月影だったが、今は入り日が落ちようとしているのだろう。日想観は西に沈む太陽を心に留める修行なので、盲目の私にも、曇りもなくはっきりと、淡路・絵島・須磨・明石・紀伊の海まで見える見える。「満目青山（見渡す限り続く山々）」（碧巌録などに見える偈文の一部）は我が心の内に収めらえている。

弱法師 おお、（ここから世阿弥本は「同」）見えるぞ見えるぞ。

地 さて難波の浦の絶景を数々は

弱法師 まず南は、さぞかし素晴らしいだろうと皆が言

れば。

地 〽月落《オ》ちかかる、淡路島山《アワヂシマヤマ》
と

[中ノリ地]
シテ〽詠《ナガ》めしは月影《ツキカゲ》の、
地 〽詠めしは月影の、いまは
入日《イリヒ》や落ちかかるらん、日《ジッ》
想観《ソウクワン》なれば曇《クモ》りも波《ナミ》の、淡《アワ》
路《ヂ》絵島《エジマ》、須磨明石《スマアカシ》、紀《キ》の海《ウミ》
までも見えたり見えたり、
満目青山《バンボクセイザン》は心にあり。
シテ〽おう見《オ》るぞとよ見るぞ
とよ

[（ロンギ）]
地 〽さて難波《ナニワ》の浦《ウラ》の致景《チケイ》の
数々《カズ》、
シテ〽南《ミナミ》はさこそと夕波《イウナミ》の、住《スミ》

う、夕波に影を落とす住吉の松並木。

地　東の方は良い季節となって

弱法師　春の草の緑が美しい日下山《くさかやま》

地　北は何処かというと

弱法師　難波の

地　長柄の橋が見える。このようにむやみにあちらこちらと歩き回るうちに、目が見えない悲しさで、貴賤の人にぶつかり、転んだりふらふらして、足元はよろよろとおぼつかなく、本当に正真正銘の弱法師だと、人はお笑いになるだろう。思ってみればなんと恥ずかしい。もう今は狂わない。今からは決して狂いはしない。

吉《ヨシ》の松影《マツカゲ》、

地　〽東《ヒガシ》の方《カタ》は時《トキ》を得《エ》て、

シテ〽春の緑《ミドリ》の草香山《クサカヤマ》、

地　〽北《キタ》は何処《イヅク》

シテ〽難波《ナニワ》なる、

地　〽長柄《ナガラ》の橋《ハシ》の徒《イタヅ》らに、彼方《カナタ》此方《コナタ》と歩《アリ》く程《ホド》に、盲目《モオモク》の悲《カナ》しさは、貴賤《キセン》の人に行《ユ》き逢《ア》ひ《イ》の、転《マロ》び漂《タダヨイ》ひ難波江の、足《アシ》もとはよろよろと、げにも真《マコト》の弱法師《ヨロボシ》とて、人は笑《ワラ》ひ《イ》給ふ《オ》ぞや、思へ《エ》ば恥《ハヅ》かしやな、今は狂《クルイ》ひ候は《ワ》じ、今より は更《サラ》に狂は《ワ》じ。

7

通俊と俊徳丸の出会い　夜も更け天王寺の境内に

人が居なくなったのを見澄まし、父通俊（ワキ）は弱法師（シテ）に声を掛ける。親子の名乗りをした後、恥ずかしがって逃げようとする弱法師の手を取って、夜紛れに高安の里へ連れ帰った。最初は二人とも座ったまま、最後の地謡から立って、鐘の音を聞く、などしたのち、連れ立って退場する。

地謡で謡われる最初の通俊の呼びかけは、世阿弥本では「ヲトコ」とされており、これまで沈黙していた通俊が始めて行動するという設定である。諸流地謡とシテ謡の場所に異動がある。「我こそは」は世阿弥本「コレコソハ」（金春・喜多も同様）、「その御声と聞くよりも」は世阿弥本「その御コエトキクカラニ」。「こは夢か」は下掛り「こはいかに」。「恥かしとて」は世阿弥本「ハツカシクテ」。「あらぬ方へ」は世阿弥本「アラヌカタニ」。「逃げ行けば」は世阿弥本「ニケケレハ」（下掛りも同様）。「手を取りて」は世阿弥本「テヲヒキテ」。「誘ひて」は世阿弥本以外「誘ひ」。宝生は「明けぬ…誘ひ」を繰り返す。

地（世阿弥本は通俊）今はもう、夜も更け人通りも絶えた。（弱法師に対して）もとはどのような方なのだろう、お名を名乗ってください。

弱法師（世阿弥本は夫婦）思いがけないこと、いったいどなたなのです、私の過去をお尋ねになるなんて。高安の里にいた、俊徳丸のなれの果てです。

地（世阿弥本は通俊）やはりそうか、なんと嬉しい。私こそそなたの父、高安の通俊だよ。

弱法師 そもそも通俊というのは、私の父の名前なのだが…、そのお声を聞いて父とわかったそばから、

地（世阿弥本は通俊、下掛りは弱法師のまま）胸がどきどきし、びっくりして

弱法師（下掛りは地謡）これは夢なのかと（すぐには信じられない）。

地（世阿弥本・観世以外は弱法師）俊徳は、（世阿弥本・

［ロンギ］

地　〽今ははや、夜《ヨ》も更《フ》け人も静《シヅ》まりぬ、如何《イカ》なる人の果《ハテ》やらん、その名《ナ》を名のり給へ《エ》や、

シテ〽思ひ寄《イヨ》らずや誰《タレ》なれば、我が古《イニシエ》を問《トイ》ひ給《オ》ふ、高安《タカヤス》の里《サト》なりし、俊徳丸《シュントクマル》が果《ハテ》なり、

地　〽さては嬉《ウレ》しや我こそは、父《チチ》高安の通俊《ミチトシ》よ、

シテ〽そも通俊は我が父の、その御声《オンコエ》と聞《キ》くよりも、

地　〽胸《ムネ》うち騒《サワ》ぎ呆《アキ》れつつ、

シテ〽こは夢《ユメ》かとて

地　〽俊徳《シュントク》は、親《オヤ》ながら恥《ハヅ》か

観世以外は地謡）親であってもこの姿では恥ずかしいと思い、とんでもない方向に逃げていくと、父は追いついて俊徳の手を取り、何を隠すことがあろう。難波寺の鐘の音も夜の深いことを告げている。闇に紛れて、夜が明けてしまう前に行こうと勧めて、高安の里に連れ帰ったのであった。

しとて、あらぬ方《カタ》へ逃《ニ》げ行《ユ》けば、父は追ひ着《オイツ》き手《テ》を取《ト》りて、何《ナニ》をか裹《ツツ》む難波寺《ナニワデラ》の、鐘《カネ》の声も夜《ヨ》まぎれに、明《ア》けぬ前《サキ》にと誘《イザナイ》ひて、高安《タカヤス》の里《サト》に帰《カエ》りけり、高安の里に帰りけり。

〈弱法師〉の舞台

観世流シテ方・河村　晴久

笛の独奏で高安通俊（ワキ）と通俊の下人（間狂言）が現れる。通俊は人の讒言《ざんげん》を信じて子供を追い出したこと、誤りを知り、天王寺で施行を行うことを語り、下人に施行を命じる。下人はそのことを人々に触れる。〔一声《いっせい》〕の出の囃子になり、弱法師（シテ）が現れる。他の曲では舞台まで進み、あるいは橋掛り一の松の所で謡い出すことが多いが、この能では揚幕《あげまく》の近く、三の松の所で謡い出す。盲目の苦しみを語り、暗闇の中から一縷《いちる》の光を求めて天王寺に向かう。三の松の所から、長い道のりを杖を頼りに歩みを運び、舞台の左奥のシテ柱を石鳥居《いしのとりい》に見立て、「石の鳥居これなりや」と天王寺に到着する。さて施行の場に出ると、梅香が漂う。「花をさへ受くる施行の」と風流な一段が続く。そして弱法師は舞台中央に座り、〔クリ・サシ・クセ〕という定型の謡で天王寺の縁起を語る。〔クセ〕の最後の部分では、立ち上がり、杖を船の棹に見立てて済度の船を漕ぎ寄せる所作をする。そしてゆったりと謡い納める。その様子を見ていた通俊は弱法師が我が子であると気づくが、人目をはばかり、知らない顔で日想観《じっそうかん》（石鳥居の向こうに沈む夕日に手を合わせ極楽浄土に想いを寄せる）の時刻であると告げる。弱法師は見えない目で日に向かい「入り日の影も舞ふとかや」と拝み法悦境《ほうえつきょう》に入る。世阿弥の本ではここに「マウフセイナルヘシ（舞う風情なるべし）」と記し、一差し舞い興じる所である。観世流以外ではここに〔イロエ〕が入り、観世流では「永夜の清宵何のなす所ぞや」の後に〔イロエ〕が入る。舞台を一回りする所作で、弱法師の心象が表される。もはや現実の見る、見えないでなく「おう、見るぞとよ」と「勇健《ゆうけん》」の扇の型を使い、心も晴れやかに「満目青山は心にあり」と悟りの境地に達する。しかし往来の人にゆきあたって転ぶ現実も味あわなければならない。〔ロンギ〕は通俊と弱法師の対話である。通俊は名乗り、弱法師を伴って帰ってゆく。

「盲目《もうもく》之《の》舞《まい》」の替演出では、〔クリ・サシ・クセ〕が省かれ、〔イロエ〕の部分に舞が入り、舞台を逍遥《しょうよう》する。世阿弥時代の妻を伴った通俗的な演出から、時を経て登場人物を減らし、弱法師の心に集中する演出となった。

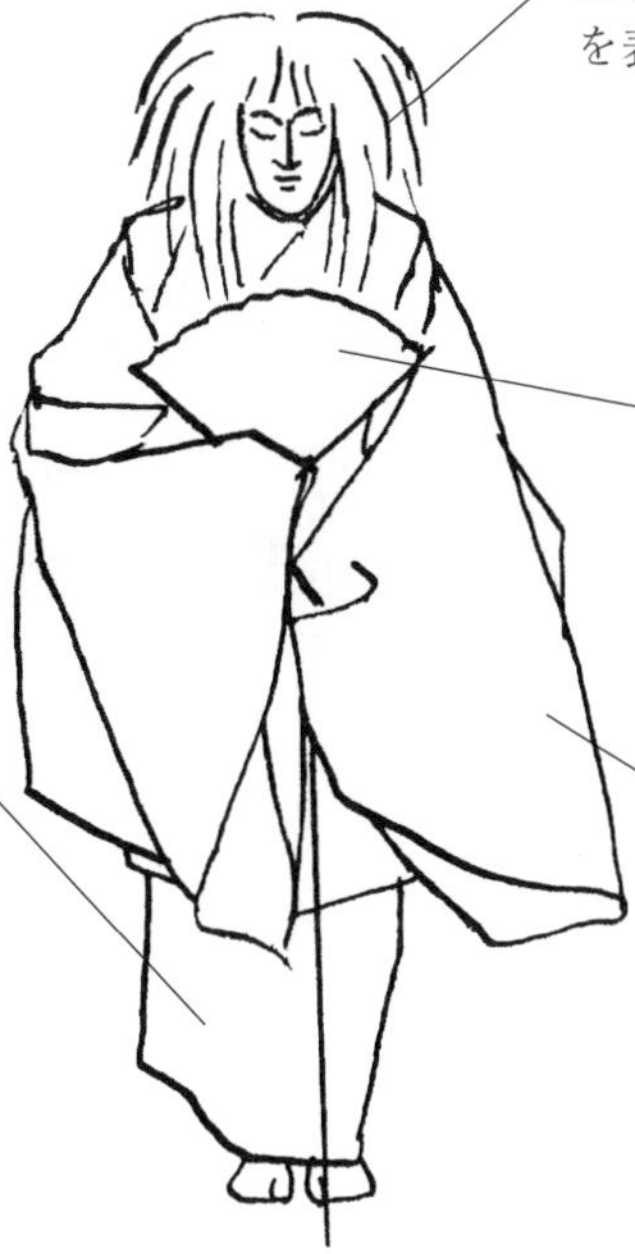
黒頭《くろがしら》—ぼうぼうにのびた髪毛を表す。
扇—黒骨無紅扇《くろぼねいろなしおうぎ》。
無紅縫箔《いろなしぬいはく》—金箔や銀箔を摺りつけた上に刺繍をした小袖の装束。無紅とは赤い色を使わないこと。地味な雰囲気になる。着流しに着ている。
水衣《みずごろも》—庶民の上着として使う。

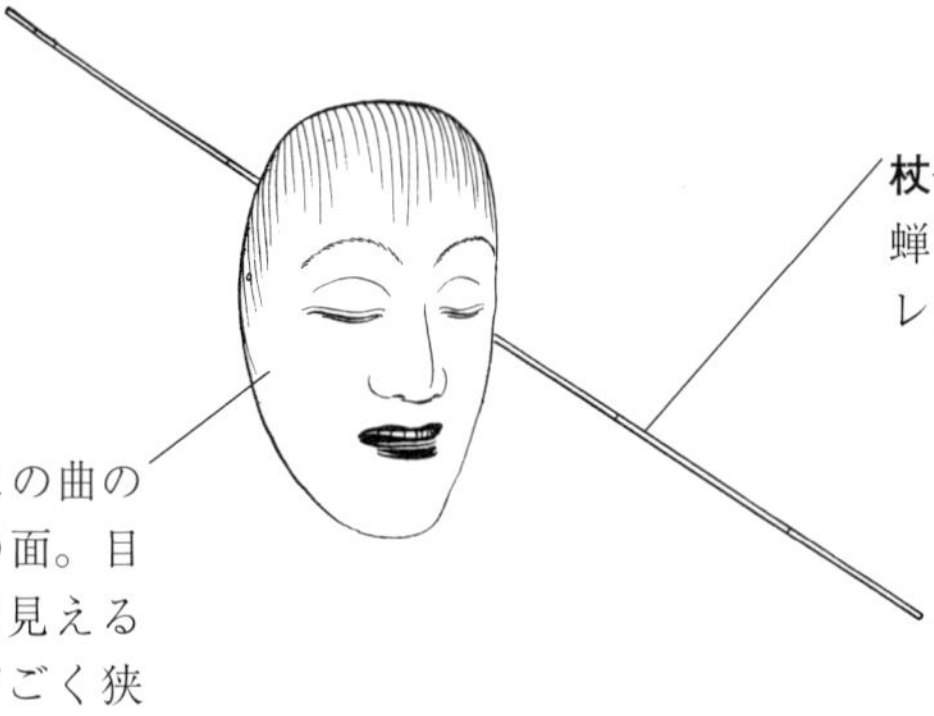
杖—盲目の役の弱法師、蝉丸、景清、望月のツレには長い杖を使う。
面《おもて》—弱法師。この曲のみに使う専用の面。目を閉じたように見えるが、実際は目がごく狭く、横に広く開けられている。

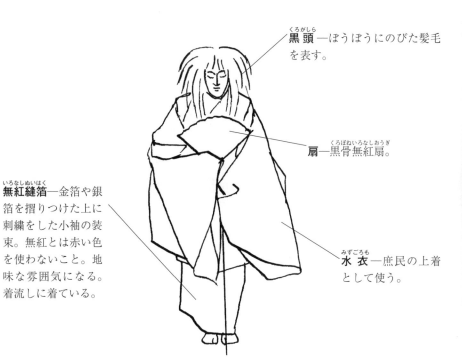

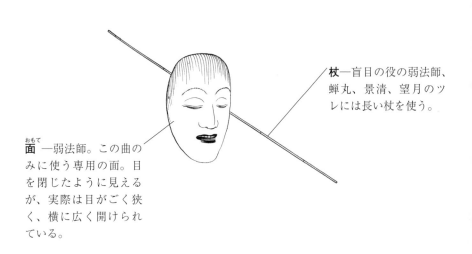

能の豆知識

シテ 能の主役。前場のシテを前シテ、後場を後シテという。

ワキ シテ（主役）の相手役。脇役のこと。

ツレ シテやワキに連なって演じる助演的な役。シテに付くものをツレ（シテツレともいう）、ワキに付くものをワキツレという。

間狂言《あいきょうげん》 能の中で狂言方が演じる役。アイともいう。狂言方の主演者をオモアイ、助演者をアドアイとよぶ。

地謡《じうたい》 能・狂言で数人が斉唱する謡。謡本に「地」と書いてある部分。地ともいう。能では舞台右側の地謡座と呼ばれる場所に八人が並び謡う。シテ方が担当する。

後見《こうけん》 舞台の後方に控え、能の進行を見守る役。装束を直したり小道具を受け渡しするなど、演者の世話も行う。

後見座《こうけんざ》 鏡板左奥の位置。後見をつとめるシテ方（普通は二人、重い曲は三人）が並んで座る。

見所《けんしょ》 能の観客及び観客席のこと。舞台正面の席を正面、舞台の左側、橋掛りに近い席を脇正面、その間の席を中正面と呼ぶ。

物着《ものぎ》 能の途中、舞台で衣装を着替えたり、烏帽子などをつけたりすること。後見によって行われる。

中入《なかいり》 前・後半の二場面に構成された能で、前場の終りに登場人物がいったん舞台から退場することをいう。

床几《しょうぎ》 椅子のこと。能では鬘桶《かづらおけ》（鬘を入れる黒漆塗りの桶）を床几にみたてて、その上に座る。

作《つく》**り物**《もの》 主として竹や布を用いて、演能のつど作る舞台装置。

〈弱法師〉のふる里

四天王寺（天王寺）

大阪市天王寺区四天王寺

JR、大阪地下鉄天王寺駅から北へ徒歩約十二分

大阪地下鉄谷町線四天王寺前夕陽ヶ丘駅から南へ徒歩約五分

聖徳太子の創建と伝えられる和宗の総本山。上町台地上にあり、かつて西側は海をのぞみ、平安時代には極楽の東門として信仰を集めた。永仁二年（一二九四）忍性上人が石鳥居を建立、修理を繰り返して現在に至り、重要文化財に指定されている。戦災により主要な建物は近年の再建。

高安

大阪府八尾市高安

近鉄高安駅下車

大阪市の東、八尾市内の地域。『伊勢物語』「筒井筒」の高安の女の里であり、説教節「しんとく丸」の舞台として、俊徳丸が高安から四天王寺へ通った道筋に「俊徳道」をはじめ旧跡などが点在する。（河村晴久）

お能を習いたい方に

能の謡や舞、笛、鼓に興味をもたれたら、ちょっと習ってみませんか。どなたでも能楽師からレッスンを受けられます。関心のある方は、能楽堂や能楽専門店（檜書店☎03-3291-2488　わんや書店☎03-3263-6771　能楽書林☎03-3264-0846など）に相談すれば能楽師を紹介してくれます。またカルチャーセンターでもそうした講座を開いているところがあります。

■鑑賞に役立つ　能の台本／観世流謡本・金剛流謡本

観世流謡本（大成版）

謡本は能の台詞やメロディー、リズムを記した台本兼楽譜。江戸時代から数々の修正や工夫をかさねて現在の形になった。謡本には他に、作者・作品の背景・節や言葉の解説・舞台鑑賞の手引き・配役・能面や装束附なども掲載されていて、鑑賞のための予備知識を得るにはとても便利。また、一般の人も、能楽師について能の謡や舞を稽古することができますが、その時の教科書でもある。

曲　目／『弱法師』他、二一〇曲
表　紙／紺地金千鳥
サイズ／半紙判（154×227ミリ）
用　紙／特別に漉いた和紙
製　本／和綴
定　価／各二五〇〇円～二七五〇円（税込）

観世流謡本縮刷版

前記観世流謡本の縮刷版。古くより豆本・小本と呼ばれハンドバックやポケットに入り、携帯に便利であると愛用されている。

曲　目／『弱法師』他、二一六曲
表　紙／紺地千鳥
サイズ／B7判・定価／九九〇円（税込）

檜書店　能・狂言の本

まんがで楽しむ能の名曲七〇番

文／村　尚也　漫画／よこうちまさかず

〝初心者からマニアまで楽しめる〟

名曲七〇番のストーリーをまんがでわかりやすく紹介。はじめて能をご覧になる方にも恰好のガイドです。能を観る前、観た後で二度楽しめる。巻末に能面クイズ付き。

A5判・定価一二〇〇円＋税

まんがで楽しむ狂言ベスト七〇番

文／村　尚也　漫画／山口啓子

〝エスプリ、ウィット、狂言の本質を味わう〟

舞台を観ていればなんとなくわかった気がする狂言を、まんがで別照射することで、その裏側や側面を覗き、使い慣れた現代語でこそ味わえる爽快感を楽しめます。

A5判・定価一二〇〇円＋税

まんがで楽しむ能・狂言

文／三浦裕子　漫画／小山賢太郎　監修／増田正造

〝初めて能を観る方に〟

能・狂言の鑑賞、舞台・装束・能面などの知識、登場人物や物語の紹介、楽屋の様子までをまんがでわかりやすく解説した初心者に恰好の入門書。

A5判・定価一二〇〇円＋税

世阿弥のことば一〇〇選

監修／山中玲子

〝これは単なる芸術論ではなく、人生論〟

能楽師の方はもちろん、さまざまな分野で活躍する著名人が選んだ世阿弥のことば。執筆者がそれぞれの視線で世阿弥のことばと向き合ったショートエッセイ集。

四六判・定価一六〇〇円＋税

現代語訳　申楽談儀　世阿弥からのメッセージ

著／観世元能　訳／水野　聡

〝よみがえる、世阿弥の声・姿〟

世阿弥の芸論を、息子の元能が筆録・編集した『申楽談儀』の現代語訳。先人の逸話や能面・能装束の話、演技する際の注意点など、世阿弥の考え方が具体的に記される。

四六判・定価一六〇〇円＋税

三宅晶子（みやけあきこ）
奈良大学文学部教授。横浜国立大学名誉教授。愛知県生まれ。早稲田大学大学院文学研究科博士課程後期満期退学。博士（文学）。
著書に『世阿弥は天才である』(草思社)、『歌舞能の確立と展開』、『歌舞能の系譜』(ともに、ぺりかん社)他がある。

✣対訳でたのしむ✣

弱《よろ》法《ぼ》師《し》

発行――――令和２年４月19日　第一刷
著者――――三宅晶子
発行者―――檜　常正
発行所―――檜書店
東京都千代田区神田小川町2-1
電話03-3291-2488　FAX03-3295-3554
http://www.hinoki-shoten.co.jp
装幀――――菊地信義
印刷・製本―藤原印刷株式会社

ISBN978-4-8279-1107-7 C0074
Printed in Japan

9784827911077
1920074007004
ISBN978-4-8279-1107-7
C0074 ¥700E
定価　本体700円+税
檜書店

弱法師